CATALOGUE

DE

DESSINS ANCIENS ET ORIGINAUX

DE TOUTES LES ÉCOLES,

PROVENANT DU CABINET

DE FEU M. LE MARQUIS DE LAGOY,

Dont la vente se fera les jeudi 17, vendredi 18 et samedi 19 avril 1834, à onze heures et demie précises du matin, hôtel des Commissaires-Priseurs, salle n° 3, place de la Bourse.

L'exposition générale sera publique, dans le même local, le mercredi 16 avril, de midi à trois heures; et chaque jour de vente, de dix heures et demie à onze heures et demie, on pourra voir les principaux articles de la vacation.

LE PRÉSENT CATALOGUE SE DISTRIBUE

CHEZ MM. { Me BONNEFONS DE LAVIALLE, commissaire-priseur, rue de Choiseul, n° 11; PIERI BÉNARD, boulevard des Italiens, n° 11, qui se chargera des commissions.

1834.

ORDRE DE LA VENTE.

Première vacation, jeudi 17 avril 1834.

Dessins n° 248 partie.

— de l'école Française. . . . . . . 242—246.

— — de Sienne.. . . . . . . 17— 24.

— — Vénitienne. . . . . . . 56— 79.

— — Napolitaine, etc. . . . 121—131.

— — Allemande et Flamande. 132—155.

— — Française. . . . . . . 247.

Deuxième vacation, vendredi 18.

Dessins n° 248 partie. . . . . 108 et 120.

— de l'école Romaine. . . . . . 51— 55.

— — de Bologne. . . . . . 91—107.

— — Idem. . . . . . 80— 90.

— — de Parme, Lombarde, etc. 109—119.

— — Hollandaise. . . . . 156—205.

Troisième vacation, samedi 19.

Dessins, fin du n° 248.

— de l'école Française. . . . . . . 215—241.

— — Idem. . . . . . 206—214.

— — Florentine. . . . . . 1— 16.

— — Romaine. . . . . . 25— 50.

Curiosités . . . . 249—255.

AVANT-PROPOS.

Les dessins dont nous donnons ci-après la notice ont appartenu à un amateur dont les connaissances en ce genre étaient si positives et tellement appréciées des personnes qui cultivent les arts, qu'il suffira de dire que nous avons suivi très-exactement les notes que M. le marquis de Lagoy nous a laissées, pour que les amateurs soient persuadés que notre notice est faite avec conscience et vérité, et que chaque dessin est bien classé à sa véritable place. Nous avons été tellement scrupuleux à transcrire les notes telles que nous les avons entre les mains, que nous nous sommes abstenus de toute observation, malgré les impressions très-favorables que beaucoup de morceaux précieux nous ont faites, tant par leur importance que par leur beauté et rareté, surtout dans les écoles italiennes et celle de Hollande.

M. le marquis de Lagoy, ayant écrit lui-même ces notes pour son usage particulier, et pour donner un classement régulier à ses dessins, ne pensait pas, sans doute, qu'elles seraient mises sous les yeux du public, et ne crut pas nécessaire d'y faire les remarques que méritaient beaucoup de pièces capitales qui se trouvent daus cette collection ; ainsi, ces notes se trouvent de la plus grande simplicité et sans aucune observation. Nous avons suivi cette simplicité et nous ferons remarquer que nous avons même supprimé de chaque article le nom des cabinets remarquables dont le plus grand nombre des dessins de cette collection ont fait partie, tels que les cabinets *Arondell*, *Bazan*, *Calviere*, *Cavaceppi*, *Caylus*, *Crozat*, *Dazincourt*, *Jabach*, *Lestevenon*, *Mariette*, *Poulin*, *Tersan*, *Zoomers*, etc., etc.

La vérité nous engage aussi de dire que M. le marquis de LAGOY a possédé plus de dessins que ceux portés sur la présente notice ; mais il avait choisi dans sa collection primitive un certain nombre de morceaux précieux, de toutes les écoles, avec lesquels il forma sa petite collection privée, de laquelle seulement il s'est occupé à classer et à décrire.

L'ordre qui a été suivi est l'ordre par écoles, et, dans chaque école, l'ordre chronologique ; mais parfois nous avons été obligés d'intervertir ce dernier pour former des lots qui intéressent davantage les amateurs.

P. B.

CATALOGUE

DE DESSINS ANCIENS ET ORIGINAUX

DE TOUTES LES ÉCOLES.

ÉCOLE FLORENTINE.

1. ANONYMES DU 14e SIÈCLE. Jeune homme et jeune femme dans le costume du temps, à la plume et lavé à l'aquarelle. Au verso, plusieurs études de figures à la plume. Femme portant un carquois près d'une autre femme assise; à la plume sur vélin. Quatre figures de saints drapés; idem. 3 p.

2. ANONYMES DU 15e SIÈCLE. Homme nu tenant un instrument et une femme tenant un taureau; au pinceau rehaussé de blanc. Au verso, deux tritons et monstre marin. Deux dessins, études de figures nues, dont une femme tenant une lyre. 3 p.

3. BARTOLOMEO DI S. MARCO (né en 1469, mort en 1517). Figure de femme drapée, vue par le dos; à la pierre noire et rehaussé de blanc.

4. BACCIO-BANDINELLI (né en 1487, mort en 1559). Sara, tenant le petit Issac, oblige Abraham de renvoyer le jeune Ismaël; à la plume.

5. Étude de six têtes exprimant la douleur; à la plume.

6. ANDREA DEL SARTO (né en 1488, mort en 1530). La Vierge assise, caressant l'enfant Jésus; au crayon noir. Étude de trois femmes dont une est assise par terre, fragment de quelque grande composition; à la sanguine. 2 p.

7. FRANCESCO DE' SALVIATI (né en 1510, mort en 1563). Dieu le père dans une gloire et environné d'anges qui l'adorent: composition cintrée pour un tableau d'autel, dont on aperçoit quelques ornemens du haut; à la plume et lavé.

8. *Du même.* Composition de plusieurs figures: au milieu, un autel sur lequel on brûle des parfums; lavé et rehaussé de blanc.

9. *Du même.* Trois demi figures nues et groupées, dont une paraît être Jupiter; lavé au bistre.

10. GEORGIO VASARI (né en 1512, mort en 1574). Les trois Coligny réunis près d'un portique; à la plume et au bistre. — PASSIGNANI. Combat naval entre les Romains et les Carthaginois. 2 p.

11. ANTONIO TEMPESTA (né en 1555, mort en 1630). Assomption de la Vierge; à la plume et au bistre. Un saint tenant une lance; dans le fond sont représentés divers traits de sa vie et son martyre; idem. 2 p.

12. *Du même.* Achille traînant Hector; mort de Laocoon et de ses fils; des cavaliers au galop; à la plume et lavés à l'encre de Chine. 3 p.

12.05
4.05
30
27.50
10
47
10.50
9.50
11.50
102.00

13. Giovanni da S. Giovanni (né en 1590, mort en 1636). La Vierge assise sur un trône, tenant l'enfant Jésus; elle est invoquée par des hommes et des femmes qui sont à ses pieds : à la plume et au lavis d'indigo. Dans un vestibule orné de fontaines et de statues, des femmes à demi-nues dansent en tenant des tambours de basque; d'autres sortent du bain; sur le devant, on voit des amours tenant des chiens, un cerf et autre gibier mort; idem. 2 p.

14. Pietro Testa (né en 1611, mort en 1650). Junon calmant les vents irrités; à la plume et lavé sur un fond d'or, de forme cintrée. Bacchanale; grande composition où l'on voit Silène ivre conduit par des hommes; à la plume. 2 p.

15. Lodovico Gimignani (né en 1644, mort en 1697). David, sur son trône, fait couronner Salomon, qui reçoit à genoux les ornemens de la royauté; à la plume et au bistre. Sainte Élisabeth, reine de Hongrie, guérissant une jeune fille aveugle; à la plume et à la sanguine, lavé au bistre et rehaussé de blanc.

16. Lorenzo Baldi (né en 1623, mort en 1708). Pan et la nymphe Syrinx changée en roseaux; à la plume et lavé à l'encre. — Benedetto Luti (né en 1666, mort en 1724). Saint Philippe de Néri prosterné au pied d'un autel sur lequel paraît le petit Jésus; au bistre, rehaussé de blanc, de forme cintrée. Composition du tableau qu'il a peint pour *la chapelle Bracciano*. — Orazio Gentileschi. La Foi, l'Espérance et la Charité; à la plume, lavé au bistre. 3 p.

ÉCOLE DE SIENNE.

17. BALDASSARE PERUZZI (né en 1448, mort en 1536). Les noces de Rébecca : grande composition de beaucoup de figures ; à la plume.

18. *Du même.* Dessin pour le maître-autel de l'église métropolitaine de Sienne ; idem.

19. BERNARDINO FUNGAI (vivait en 1512). La Vierge couronnée par des anges ; aux crayons noir et blanc, de forme cintrée.

20. FRANCESCO VANNI (né en 1565, mort en 1609). Les pères de l'Église disputant sur les mystères de l'Eucharistie ; peint en grisaille sur papier.

21. *Du même.* Saint Jérôme et saint François en adoration devant la Vierge et l'enfant Jésus ; à la plume, lavé au bistre et rehaussé de blanc. Saint Roch et saint Sébastien intercédant Notre-Dame de Lorette ; à la plume et lavé à l'aquarelle. Simon le magicien ; grande composition à la plume et au bistre, rehaussée de blanc ; de forme cintrée. 3 p.

22. BECCAFUMI (né en ..., mort en 1549). Une figure debout ; à la pierre noire et au bistre. — ALESSANDRO CASOLANI. Martyre de saint Barthelémy ; à la plume et au bistre. Il a peint ce sujet dans l'église des Carmes à Sienne. La Vierge et l'enfant Jésus. Au verso, à peu près le même sujet ; au bistre. 3 p.

23. VENTURA SALIMBENI (né en 1557, mort en 1613). Saint Dominique, saint Ambroise, saint François et plusieurs autres saints, au-dessus desquels on voit

un ange tenant une banderole où est écrit : *Il paradiso de' monachi;* à la plume et au bistre, rehaussé de blanc. Saint Zacharie, sainte Anne, le petit saint Jean-Baptiste et beaucoup d'autres saints et saintes; au-dessus, un ange tenant une banderole où est écrit : *Il paradiso de' maritati*: idem. 2 p. de forme pyramidale.

24. GIUSEPPE NASINI (né en 1664, mort en 1736). L'Assomption de la Vierge; les apôtres, autour de son tombeau, témoignent leur étonnement : à la plume et au bistre. Dessin pour un plafond; il représente Apollon au sommet du Parnasse, environné des Muses : à la plume et à l'encre de Chine, rehaussé de blanc. 2 p.

ÉCOLE ROMAINE.

25. PIETRO PERUGINO (né en 1446, mort en 1524). Un évêque vu jusqu'aux genoux, tenant un petit livre; il s'appuie sur un bâton; grisaille peinte sur papier. Enfant nu jouant avec un mouton. Au verso, croquis d'ornemens; à la plume. 2 p.

26. RAFAELLO-SANZIO D'URBINO (né en 1483, mort en 1520). Tête de Vierge; belle étude à la pierre noire.

27. *Du même.* Étude d'une tête de sainte, vue de face, les yeux élevés au ciel, à la pierre noire, rehaussée de blanc.

28. POLIDORO DA CARAVAGIO (né en 1495, mort en 1548). Le triomphe de Bacchus; dessin de forme

ronde pour un plat de faïence d'Urbain, à la plume et au bistre.

29. *Du même.* La vestale Claudia tire seule avec sa ceinture le vaisseau qui porte la statue de Cybèle; à la plume et au bistre. Ce dessin est couvert d'une feuille sur laquelle Polidor a écrit ce qui lui était arrivé après le sac de Rome, et il y fait mention du tableau de la vestale; ce manuscrit est très-intéressant.

30. *Du même.* Fragment d'une frise représentant des guerriers qui s'avancent au combat; à la plume, lavé et rehaussé de blanc.

31. *Du même.* Sur la même feuille, dix-huit sujets de la vie de Jésus-Christ; à la plume et au bistre. Statue d'une déesse sur un piédestal, auprès duquel sont plusieurs figures; au crayon rouge. Trois caryatides, hommes et femmes; à la plume, lavé et rehaussé de blanc. 5 p.

32. PERINO DEL VAGA (né en 1500, mort en 1547). Espèce de portique, où l'on voit d'un côté le péché d'Adam et de l'autre son châtiment; à la plume et au bistre, cintré du haut. Ce dessin paraît avoir été retouché par *Rubens.*

33. *Du même.* Décoration d'architecture, au milieu de laquelle est représenté le sujet de la Visitation; à la plume et au bistre. Daniel dans la fosse aux lions; croquis à la plume et au bistre. 2 p.

34. *Du même.* La Vierge, tenant l'enfant Jésus, est couronnée par deux anges; à la plume, lavé au bistre et rehaussé de blanc.

35. *Du même.* Les armoiries de Léon X dans le temple des Muses; à la plume. — G. SERMONETA. Trois figures portant un personnage; à la plume. 2 p.

36. FREDERIGO BAROCCIO (né en 1528, mort en 1612). L'Annonciation et la Visitation, deux dessins à la plume, lavés au bistre, dont un rehaussé de blanc.

37. TADEO ZUCCARO (né en 1529, mort en 1566). Décoration d'architecture, au milieu de laquelle on voit l'Assomption de la Vierge; à la plume, lavé au bistre; une partie des ornemens est coloriée.

38. Jésus, environné de ses disciples et d'une grande foule de peuple, guérit un aveugle; à la plume, lavé au bistre et rehaussé de blanc.

39. FEDERIGO ZUCCARO (né en 1543, mort en 1609). Jésus prêchant dans le temple; à la plume, lavé au bistre et rehaussé de blanc. Sainte Catherine mise au tombeau; à la plume, lavé et retouché avec des hachures au pinceau par *de Wit.* 2 p.

40. *Du même.* L'empereur F. Barberousse baise les pieds du pape Alexandre III sur la place Saint-Marc à Venise; à la plume et au bistre.

41. MATURINO (né en [illegible], mort en 1528). Un guerrier blessé et secouru par des soldats; à la plume et au bistre, rehaussé de blanc.

42. CESARE NEBBIA (né en 1556, mort en 1614). La Vierge et saint Joseph retrouvant Jésus au milieu des docteurs; à la plume et au bistre. — RAFFAELLINO DA REGGIO (né en 1550, mort en 1578). La Vierge et plusieurs autres saints intercédant le petit

Jésus pour la ville de Pise; à la plume, lavé et rehaussé de blanc. 2 p.

43. LORENZO BERNINI. Décoration d'architecture, au milieu de laquelle est un tableau représentant la Vierge dans une gloire; à la plume et lavé au bistre. 5 — 5

44. MICHEL-ANGIOLO DA CARAVAGGIO (né en 1565, mort en 1609). Les amis de Job viennent le visiter sur son fumier; à la plume et au bistre. Un homme étendu à terre, les mains liées derrière le dos, et plusieurs autres figures; lavé au bistre et rehaussé de blanc. 2 p. 15 — 50

45. GIOVANNI BAGLIONE (né en 1575, mort en ...). Le petit saint Jean caressant un mouton; il est accompagné de sainte Anne et de saint Joachim; lavé au bistre et rehaussé d'or, de forme ronde. Jésus-Christ montant au ciel; à la sanguine. 2 p. 10 — 50

46. PIETRO DA CORTONA (né en 1596, mort en 1669). Coriolan fléchi par sa mère; composition d'un grand nombre de figures: à la plume, lavé et rehaussé de blanc. 16 — P. Norblin

47. *Du même.* Le frappement du rocher. La Vierge, assise au pied d'un arbre, tient l'enfant Jésus endormi; saint Joseph et le petit saint Jean sont devant elle: deux dessins à la plume, lavés au bistre et rehaussés de blanc, le dernier de forme ovale. 2 p. 8

48. OTTAVIO LEONI (vivait en 1615). Sur la même feuille, les portraits du duc Cesarino et de Lisandra; le portrait du Guerchin et le portrait d'un enfant: aux trois crayons. ~~3 p.~~ 4 39 — 50

1416 20 —

49. Carlo Maratta (né en 1673, mort en 1713). L'adoration des bergers; de forme cintrée, à la pierre noire, lavée et rehaussée de blanc au pinceau. Vénus, couchée et appuyée sur Cérès, tend une coupe à Bacchus qui la remplit; à la sanguine estompée. 2 p.

50. Filippo Lauri (né en 1623, mort en 1694). Petite frise sur satin; lavée au bistre et rehaussée d'or. — Bartolomeo Manfredi. Vénus, Minerve et les neuf Muses portées sur des nuages; à la plume et lavé. 2 p.

51. Pietro S. Bartoli (né en 1635, mort en 1700). Combat de gladiateurs; dessin colorié. Paysage montagneux où l'on voit deux sépulcres; à la plume et lavé. — G. Passeri (né en 1654, mort en 1715). L'adoration des Mages. Concert d'anges dans une gloire céleste; composition pour un plafond : ces deux dessins sont à la plume, lavés et rehaussés de blanc. 4 p.

52. F. Trevisiani (né en 1656, mort en 1746). Saint Ignace, saint François et plusieurs autres saints invoquant la Vierge. — Autres dessins par Impériale et Pereri. 3 p.

53. P. Pannini (né en 1691, mort en 1764). Vue d'une porte des jardins de Caprarole; à la plume, lavé et rehaussé de blanc. Vue d'une grande fontaine; à la pierre noire et coloré. 2 p.

54. Divers dessins par G. Clovio, Passerotti, Raffaello Mengs, G. Cades et Faenzone. 6 p.

55. La mort d'un patriarche; dessin de l'école de Raphaël, lavé et rehaussé de blanc.

ÉCOLE VÉNITIENNE.

56. Artiste grec (établi à Venise vers 1400). Vierge assise sur une espèce de trône, tenant le corps mort de Jésus-Christ sur ses genoux; saint Jean-Baptiste, saint Jean l'évangéliste et saint Christophe sont auprès d'elle; fond de paysage avec fabrique : lavé au bistre.

57. Gentile Bellini (né en 1421, mort en ....). Une femme, suivie de sa servante, se prosterne aux pieds d'un vieillard qui est accompagné de deux autres; à la plume, lavé au bistre, de forme ronde.

58. Tiziano (né en 1477, mort en 1576). Un lion poursuivant une laie; à la plume.

59. *Du même.* Paysage animé par des figures d'hommes et d'animaux; à la plume.

60. *Du même.* Plusieurs têtes d'hommes de différens âges et de divers caractères; à la plume et au pinceau.

61. Domenico Campagnola (vivait en 1543). Jésus-Christ mort, étendu à terre entre deux anges en adoration; à la plume.

62. *Du même.* Paysage dans lequel est représentée une fête de campagne; à la plume.

63. *Du même.* Paysage montagneux, rempli de fabriques; sur le devant est un ange parlant à un homme assis : à la plume.

64. Baptista Franco (né en...., mort en 1561). Moïse, soutenu par Aaron, tient les mains élevées au ciel

1298

6

11

5

6

6

celui [illegible] 6.50

31

9

15.50

12.50

1709.35

pendant que les Israélites combattent les Amalécites; à la plume, lavé à l'encre.

65. *Du même.* Bas-reliefs antiques sur trois lignes; à la plume.

66. *Du même.* Une femme sur un cheval qui s'élance pour franchir un précipice; elle est suivie d'une foule de peuple; à la plume et lavé au bistre.

67. Jacopo Tintoretto (né en 1512, mort en 1594). La Vierge tenant l'enfant Jésus au milieu d'un chœur d'anges; à la plume et lavé.

68. *Du même.* Jésus-Christ devant le temple profané par les vendeurs; à la plume et lavé.

69. *Du même.* Suzanne au bain, surprise par les vieillards; au crayon noir, lavé et rehaussé de blanc.

70. Andrea Schiavone (né en 1522, mort en 1582). Saint Pierre guérissant un boiteux à la porte du temple; à la plume et au bistre, de forme ronde.

71. Paolo Farinati (né en 1522, mort en 1606). Les occupations de l'automne; à la plume et au bistre.

72. Paolo Veronese (né en 1532, mort en 1588). Dessin allégorique. Femme drapée qui tient une pendule et foule aux pieds un homme nu; peint en grisaille et à la gouache.

73. *Du même.* Les États Vénitiens rendant hommage à saint Marc; grande composition à la plume et au bistre.

74. Giuseppe Salviati (né en 1535, mort en 1585). Nausicaa et deux de ses suivantes, suivies d'un char; à la plume et lavé au bistre.

75. ANDREA VICENTINO (né en 1539, mort en 1614). Salomé, fille d'Hérodias, danse devant Hérode, assis à table au milieu de sa cour, pour en obtenir la tête de saint Jean-Baptiste; à la plume et lavé.

76. JACOPO PALMA, *le jeune* (né en 1544, mort en 1628). Saint Jérôme, dans le désert, aperçoit la Vierge dans les airs, soutenue par des anges; à la plume et au bistre.

77. *Du même.* Jésus-Christ dans toute sa gloire, environné des bienheureux, etc. Première pensée de son tableau peint dans la salle du Grand-Conseil à Venise, représentant le jugement dernier; à la plume et au lavis. — F. FONTEBASSO. La prédication de saint Jean; dessin à la plume et à la sanguine, lavé et rehaussé de blanc. 2 p.

78. ALEXANDRO VAROTARI (né en 1590, mort en 1650). Persée, monté sur le cheval Pégase, délivre Andromède; lavé au bistre. — ANDREA POZZO (né en 1642, mort en 1709). Vue intérieure de la cour d'un palais; à la plume et lavé. 2 p.

79. Divers dessins par ROSALBA CARRIERA, CIGNAROLI, PUPPINO, TIEPOLO, et autres de l'école du Titien. Sept pièces qui seront divisées.

ÉCOLE DE BOLOGNE.

80. FRANCESCO PRIMATICCIO (né en 1490, mort en 1570). Un grand-prêtre et deux sacrificateurs tenant une tête de cheval au-dessus d'un autel. Deux fem-

mes et un vieillard ; dessins à la sanguine et rehaussés de blanc. 2 p.

81. GIROLAMO CARPI (né en 1501, mort en 1556). Moïse brisant les tables de la loi. Au verso, études d'après l'antique, chasse aux lions. Plusieurs études d'après l'antique, au recto et au verso. Sur la même feuille, au recto et au verso, plusieurs études de jambes, de pieds, d'arabesques, etc. Sur la même feuille, plusieurs fragmens d'arabesques et d'une composition de Jules Romain; au verso, une vue de Rome: tous ces dessins tracés à la plume. 5 p.

82. PELLEGRINO TIBALDI (né en 1522, mort en ....). Jeune homme et jeune femme assis sur le même siége avec le costume du temps. — J.-F. NOSADELLA. Cérès sur un char traîné par deux dragons. Dessins tracés à la plume et lavés. 2 p.

83. DIONIGI CALVART (né en 1555, mort en 1619). Chœurs de bienheureux dans le ciel; composition de beaucoup de figures: à la plume, lavé et rehaussé de blanc.

84. LUIGI CARRACCI (né en 1555, mort en 1619). Dessin du maître-autel *de' Poveri* à Bologne; dans la partie supérieure est représentée l'Assomption de la Vierge. Autre ornement pour un autel. Deux dessins à la plume et légèrement lavés au bistre.

85. *Du même.* Trois saints dans des niches; à la plume et à la sanguine, et lavé au bistre. Quatre études de têtes de jeunes filles, dessinées sur la même feuille; au bistre et rehaussé de blanc. 2 p.

86. *Du même.* Paysage historique, animé par beaucoup de figures; sur le devaut, une femme près d'un tombeau, portant une offrande : à la plume. Deux études de têtes de femmes, sur la même feuille; au bistre, rehaussé de blanc. 2 p.

87. AGOSTENO CARRACCI (né en 1557, mort en 1602). Sur la même feuille, plusieurs croquis à la plume.

88. ANNIBALE CARRACCI (né en 1560, mort en 1609). Son portrait dessiné par lui-même à la sanguine. Sylène ivre, soutenu par un faune; un homme assis sur une chaise; sur la même feuille, une femme assise, tenant un enfant : à la plume. Danse dans un paysage; croquis à la plume et au bistre. 5 p. ; 2 l.

89. BIAGIO PUPINI (vivait en 1563). Jésus guérissant un paralytique. Ouvriers de campagne se rendant à leurs travaux avec leurs outils. Deux dessins au bistre et rehaussés de blanc.

90. GUIDO RENI (né en 1575, mort en 1642). La Vierge tenant l'enfant Jésus; près d'elle, le petit saint Jean : croquis tracé à la plume et à la sanguine, lavé à l'encre. L'Amour endormi; à la plume. 2 p.

91. LORENZO SABBATINI (né en..., mort en 1577). La Pentecôte; à la plume et au bistre.

92. BARTOLOMEO PASSAROTTI (vivait en 1578). Saint Pierre et un saint évêque dans des niches; à la plume et lavé.

93. R. CANTAGALLINA (né en..., mort en 1620). Hommes et femmes prenant un repas champêtre sous deux grands arbres, près d'un village; à la plume et

terminé comme une gravure. — GHIZZI. Débarquement d'un grand personnage et un guerrier à cheval, recevant les clefs d'une ville; deux dessins à la plume et lavés. 3 p.

94. GIOVANNI LANFRANCO (né en 1581, mort en 1647). Assomption de la Vierge; les apôtres entourent son tombeau : à la plume et au bistre. — BRIZIO. Une sainte famille; dessin à la plume et au bistre. — L. MASSARI. Sainte Madeleine ravie au ciel; à la plume et au bistre. 3 p.

95. GIACOMO CAVEDONE (né en ...., mort en 1660). La Vierge et l'enfant Jésus dans une gloire; à leurs pieds, saint François à genoux et un autre saint qui les invoquent : à la plume et au bistre. Six anges groupés sur des nuages; idem. La Vierge tenant Jésus est invoquée par un saint évêque et un autre personnage; à la sanguine, rehaussé de blanc. 3 p.

96. F. GUERCINO (né en 1590, mort en 1666). La Vierge et l'enfant Jésus vus à mi-corps; à la plume et lavé.

97. *Du même.* L'enfant Jésus et saint Joseph; dessin terminé à la sanguine.

98. *Du même.* Une femme avec plusieurs enfans, dont un à la mamelle; à la sanguine.

99. *Du même.* Tête de vieillard; sur la même feuille se trouvent plusieurs fragmens d'écriture, parmi lesquels le nom de *Barbieri*. Étude du Christ mort. Paysages avec fabriques et trois figures. Dessins à la sanguine. 4 p.

100. *Du même.* Portrait d'un jeune homme couvert d'une toque; à la sanguine. Vue de l'intérieur d'une prison où l'on voit Salomé venant demander la tête de saint Jean-Baptiste; à la plume et au bistre. 2 p.

101. SIMONE CANTARINI (né en 1612, mort en 1648). Adam et Ève; à la plume. Sainte famille; idem. Autre sainte famille avec un concert d'anges; à la sanguine, de forme ronde. 3 p.

102. P. FRANCESCO MOLA (né en 1620, mort en 1665). Le massacre des innocens; composition d'un grand nombre de figures. Saint Pierre ressuscitant Tabithe: à la plume et au bistre. 2 p.

103. G. BATISTA MOLA (vivait en 1650). Paysage dans le style de *Claude Lorrain*. Au verso, saint Jean-Baptiste et autres figures: à la plume et lavé à l'encre et au bistre.

104. CARLO CIGNANI (né en 1628, mort en 1719). Adoration des rois. Sainte famille où l'on voit un religieux et une sainte adorant l'enfant Jésus; dans le ciel apparaît Dieu le père. Deux dessins au crayon, légèrement estompés et rehaussés de blanc.

105. ELISABETTA SIRANI (née en 1638, morte en 1665). Vierge tenant l'enfant Jésus et sainte Catherine; esquisse à la sanguine et lavée au bistre.

106. DONATO CRETI (né en 1671, mort en 1747). Paysage où l'on voit une femme assise près d'une rivière. Figure allégorique représentant la peinture. Deux dessins à la plume. Autre représentant un pape devant saint Jean-Baptiste; à la plume et au bistre, de forme ovale. 3 p.

107. D. ZAMPIERI. Croquis à la plume d'une sainte famille. Sur la même feuille, plusieurs lignes d'écriture et une tête de saint Pierre; au crayon rouge. 2 p.

108. Plusieurs dessins par DEL SALE, GRIMALDI et CANOLI. 5 p.

ÉCOLE DE PARME.

109. ANTONIO ALLEGRI *detto il* CORREGGIO (né en 1494, mort en 1534). Trois enfans soulevant une draperie; à la sanguine.

110. F. MAZZUOLA *detto il* PARMIGIANINO (né en 1504, mort en 1540). Un ange, les bras élevés sur la tête, soutenant une draperie; à la plume et au bistre. Ce dessin a été gravé à l'eau-forte par *Vander Borcht.*

111. LELIO ORSI (né en 1510, mort en 1586). Un berger, assis sur un rocher, s'entretient avec une femme assise près de lui. — AMIDANO. Sainte famille. Deux dessins à la plume et rehaussés de blanc.

ÉCOLES LOMBARDE ET GÉNOISE.

112. AMBROGIO FIGINO. Jupiter et Mercure chez Philemon; de forme cintrée, à la plume et au bistre, rehaussé de blanc. Combat d'infanterie et de cavalerie; de forme ovale, à la plume et lavé. 2 p.

113. PAOLO CACCIANIGA. Jupiter au milieu de l'Olympe, environné de toutes les divinités, lance la

foudre à Phaëton; au bistre, rehaussé de blanc. Composition pour un plafond peint à la *Villa Pinciano*.

114. LUCAS CAMBIASO (né en 1527, mort en 1585). Un prêtre sur les marches d'un autel, donne la bénédiction; croquis à la plume et au bistre. — BATTISTA BACCICCIA. Première pensée du plafond de l'église de Jésus à Rome; à la plume, lavé et rehaussé de blanc. 2 p.

115. CAMILLO PROCACCINI (né en 1546, mort en 1626). Saint Martin descend de cheval pour donner son manteau à un pauvre, et l'Assomption de la Vierge; à la plume et au bistre. 2 p.

116. BERNARDO CASTELLI (né en 1557, mort en 1629). Grand nombre de peuple invoquant la Vierge et l'enfant Jésus placés sur un autel, et saint Jean ressuscitant Drusiasse au moment qu'on le portait en terre; à la plume et au bistre. 2 p.

117. BENEDETTO CASTIGLIONE (né en 1616, mort en 1670). Abraham renvoyant Agar et Ismaël. Circée entourée des compagnons d'Ulysse changés en bêtes. Compositions dessinées au pinceau et à l'huile sur papier. 2 p.

118. DOMENICO PIOLA (né en 1628, mort en 1705). Le saint nom de Jésus dans une gloire environnée d'anges, invoqué par des pélerins; à la plume et au bistre.

119. G. BATISTA *della* ROVERA (vivait en 1628). Translation du corps d'un saint porté dans une voiture attelée de deux chevaux et entourée de beau-

coup de spectateurs. Un pape sur son trône, environné de cardinaux et autres personnages, donnant audience à un cardinal étranger : à la plume, lavés et rehaussés de blanc, 2 p.

120. Plusieurs dessins par GIROLAMO MANTUANO, G. BATTONI, U. GANDOLFI et REINIERI. 5 p.

ÉCOLES NAPOLITAINE ET ESPAGNOLE.

121. LUIGI DI VARGAS (né en 1528, mort en 1590). Décapitation d'une reine en présence d'un roi assis sur un trône et d'un grand nombre de spectateurs; à la plume et lavé. — FRANCESCO D'HERRERA. Deux apôtres tracés à la plume, 3 p.

122. FILIPPO LIANO (né en …, mort en 1625). Déroute de cavalerie. Grande composition coloriée.

123. CUNEGO GAXES (né en 15.., mort en 1642). Le pape Nicolas V, accompagné d'un évêque et de plusieurs religieux, visite le corps de saint François à Assise; tracé au crayon noir, lavé et rehaussé de blanc. — ANGELO FALCONE. Martyre d'un saint dans Rome; dessin à la sanguine, 2 p.

124. G. RIBERA *detto lo* SPAGNOLETTO (né en 1593, mort en 1649). Un homme nu attaché à un arbre, la tête en bas; il est fustigé par un enfant ailé. Un homme nu assis à terre est attaché à l'arbre au pied duquel il est assis. Deux dessins, le premier à la plume et au bistre, le second à la sanguine.

125. SALVATOR ROSA (né en 1615, mort en 1673). Cinq personnes à l'entrée d'une caverne creusée dans

des rochers. Paysage dans lequel on voit plusieurs figures causant ensemble, dont une est assise à terre. Deux dessins à la plume et au bistre.

126. LUCAS JORDANO (né en 1632, mort en 1705). Un saint évêque donnant l'aumône; à la sanguine. — JOSEPPE SIMONELLI (né en 1649, mort en 1713). Jésus sur une barque au bord de la mer, prêchant devant une multitude de peuple assemblé sur le rivage; à la plume et au bistre. 2 p.

127. FRANCESCO SOLIMENE (né en 1659, mort en 1747). La reine Christine de Suède à cheval, entre deux cardinaux, se rend à Saint-Pierre de Rome, au milieu d'une foule de peuple; à la plume et lavé.

128. *Du même.* Des guerriers armés par la religion et des anges; le combat des Centaures et des Lapites, aux noces de Pirithoüs, et Bacchus entouré de petits Amours sur des nuages, pour un plafond. Trois dessins à la plume et lavés.

129. *Du même.* Des anges sur des nuages, portant les attributs de la passion; à la plume et lavé. Deux grands personnages, avec une suite nombreuse, arrivent à la porte d'un couvent; à la pierre noire et lavé. 2 p.

130. SÉBASTIANO CONCA (né en 1676, mort en 1764). Deux dessins, l'un représentant des petits Amours couronnant un buste; l'autre, des Amours jouant avec un bouc; à la plume, lavés à l'encre et rehaussés de blanc.

131. Plusieurs dessins par BENAVIDE, Garcia, Cano, etc. 4 p., 2 l.

Allonzo Cana 31. Dessin représentant divers situations des malades soucourru par la Religion — pour l'Eglise des Soeurs del hopital

2536. 15

4

17.50 Vie M. Walker +

5. M. Verbeck +

5 Dessin Conca et ...

50 30 D'Allonzo ... 31 pièces

13.50 un dessin ...

7.50 Deux ...

2636 65

ÉCOLE ALLEMANDE.

152. J. ROTTENHAMER (né en 1564, mort en ....). L'adoration des Mages, la Vierge et l'enfant Jésus et deux anges. Deux dessins à la plume et lavés au bistre.

153. SÉBASTIEN FRANCK (né en 1573, mort en ....). Jésus-Christ allant au Calvaire, suivi des saintes femmes et grand nombre d'autres personnes à pied et à cheval; à la plume et coloré.

154. WILLAM BAUR (né en 1610, mort en 1640). Vue d'une belle habitation au bord de la mer, et une vue d'un port de mer, avec un phar sur le devant; au pinceau à l'encre de Chine. 2 p.

155. JOSEPH ROSA (né en 1728). Paysage avec troupeau de moutons; à la pierre noire.

156. Divers dessins par DIETRICH, Gesner et Toepput.

ÉCOLE FLAMANDE.

157. FRANÇOIS FLORIS (né en 1520, mort en 1570). La résurrection de Notre-Seigneur et un frontispice pour un livre de piété; à la plume et lavés. 2 p.

158. BERNARD VAN ORLEY (vivait en 1520). La Vierge couronnée dans le ciel par Dieu le père et Jésus-Christ; grand nombre de figures sont en adoration sur la terre. Grande composition à la plume.

159. VALENTIN LE FEVRE. Le concert d'été des Vé-

nitiens, d'après le tableau de *Paul Véronèse*; à la plume et lavé.

140. MATHIEU BRIL (né en 1550, mort en 1584). Vue d'un chemin étroit à mi-côte d'une montagne, paysage orné de fabriques. Paysage en hiver, avec rivière glacée sur laquelle on voit beaucoup de patineurs; à la plume et lavés, le premier légèrement colorié. 2 p.

141. PAUL BRIL (né en 1556, mort en 1626). Paysage animé par une chasse au cerf. Les figures sont par *Annibal Carrache*; à la plume et lavé.

142. P. PAUL RUBENS (né en 1577, mort en 1640). Jésus-Christ dans une gloire, environné de saints et saintes; à la plume et au bistre, rehaussé de blanc à l'huile.

143. *Du même.* Un ange tenant par la main un guerrier auquel il montre le ciel, d'après une peinture à fresque du *Pardenone*; tracé à la sanguine et à la pierre noire et colorié.

144. *Du même.* Paysage, vue d'un bois marécageux; dessiné au pinceau et à l'encre de Chine.

145. *Du même.* Tête d'un vieillard avec barbe et tête d'un satyre; à la pierre noire, le dernier lavé à l'encre. 2 p.

146. J. BREUGLE, dit *de Velours* (né en 1579, mort en 1642). Prédication de saint Jean-Baptiste devant une foule de personnes, dans une forêt; à la plume, rehaussé de blanc. Vue d'un canal avec pont levis; à la plume et au bistre. 2 p.

2705 15

8 — Pieri Nadelin +

15 50

34 — valpeto

14 50

20

16 — Nadelin +

2813 15

28

147. JACQUES JORDAENS (né en 1594, mort en 1678). Le mariage de la Vierge, composition d'un grand nombre de figures; colorié.

148. Une femme à genoux avec toute sa famille semble implorer un vieillard assis sur un siége élevé; légèrement colorié.

149. ANTOINE VANDYCK (né en 1598, mort en 1641). Jésus-Christ crucifié entre les deux larrons; les saintes femmes et deux cavaliers sont au pied de la croix; à la plume et au pinceau, lavé à l'encre et rehaussé de quelques blancs à l'huile.

150. *Du même.* Portrait d'homme avec grande fraise et vu jusqu'à mi-corps; aux crayons noir et blanc.

151. *Du même.* Portrait de *Pierre de Jode*, graveur; aux crayons noir et blanc.

152. PHILIPPE DE CHAMPAGNE (né en 1602, mort en 1674). L'annonciation; à la plume et lavé à l'encre. Vue d'un pont de bois dans une ville de Hollande, avec grande foule de personnages; dessin à la plume et lavé par JEAN BOL. 2 p.

153. ERASME QUELLEYN (né en 1607, mort en 1678). L'adoration des bergers. Dessin terminé à la pierre noire et rehaussé de blanc. Saint Ignace prêchant au Japon; peint en grisaille sur papier. Des jeunes filles chargées de corbeilles de fleurs se dirigent vers un temple; à la plume et au bistre. 3 p.

154. ABRAHAM JANSSENS (vivait en 1660). Le Christ mort; la tête appuyée sur les genoux de la Vierge; deux religieuses sont en adoration; à la plume, lavé

à l'encre et rehaussé de blanc. — THÉOBALD MICHAUT (né en 1676). Paysage, vue de mer où l'on voit plusieurs bateaux chargés de marchandises; diverses figures animent cette composition. 2 p.

155. Plusieurs dessins par GOLTZIUS, G. LAIRESSE, RICHARD ORLEY et SPRANGER. 2 p.

ÉCOLE HOLLANDAISE.

156. LUCAS DE LEYDE (né en 1494, mort en 1558). La Vierge tenant l'enfant Jésus; autre composition du même sujet, et une femme sur des nuages tenant un ciboire; à la plume. 3 p.

157. JEAN SCHOOREL (né en 1495, mort en 1562). La résurrection de Lazare; Jésus trahi par Judas, et l'Ecce homo. Dessins très-terminés à la plume. — MARTIN DE HEMSKERK (né en 1498, mort en 1574). Daniel fait mourir un dragon qui était adoré des Babyloniens; à la plume. 4 p.

158. MARTIN DE VOS (né en 1534, mort en 1604). Modèle d'un plat, autour duquel sont des sujets historiques; à la plume et au bistre. — J. VIERIX (né en 1550). Jésus-Christ guérissant un paralytique. 2 p.

159. ABRAHAM BLOEMART (né en 1567, mort en 1647). David à genoux, chantant et s'accompagnant de la harpe; Loth et ses filles : à la plume, lavés et rehaussés de blanc. 2 p.

160. PIERRE SOUTMAN (vivait en 1569). Portrait de Philippe-le-Bon, duc de Bourgogne; à la plume,

2927 – 10

12.95 Deux Jensens et Michaut
4.50 Dessins Goltzius et Lairesse

32

— 14

— 40

— 6. 60

— 40 Pieri – Norbelin

3107 .. 15

lavé au bistre et retouché de blanc par *Rubens*; de forme ovale.

161. LOUIS MATHAM (né en 1571, mort en 1631). L'annonce aux bergers; à la plume, lavé et rehaussé de blanc. — G. BLOEMART (né en 1603). Portrait d'une vieille femme; aux crayons de couleurs.

162. REMBRANDT VAN RHYN (né en 1606, mort en 1674). Intérieur où l'on voit un vieillard lisant, et une vieille, tous deux assis près du feu: croquis à la plume.

163. *Du même.* Femme et vieillard assis; on voit auprès d'eux, à terre, un enfant et un chien: croquis à la plume.

164. *Du même.* Un lion couché; à la plume et au bistre.

165. ALBERT KUYP (né en 1606). Intérieur d'une forêt; croquis au crayon noir, lavé et colorié à l'aquarelle.

166. GÉRARD TERBURG (né en 1608, mort en 1685). Portrait d'une jeune femme assise, vue jusqu'aux genoux, lisant une lettre; à la pierre noire et lavé au bistre.

167. VAN BATTUM. Entrée d'une forêt où l'on voit une chasse au cerf qui se dirige vers une rivière.

168. HERMAN SAFT-LEVEN (né en 1609, mort en 1685). Vue du château de Nyenrode, situé entre Amsterdam et Utrecht; à la pierre noire et lavé au bistre.

169. W. VAN DE VELDE (né en 1610, mort en 1693).

Vue d'une escadre près d'une côte, partie des bâtimens est à la voile et l'autre au mouillage; à la plume et à l'encre.

170. JEAN VAN BRONKHORST (vivait en 1610). La résurrection du Lazare; au bistre et au pinceau.

171. ADRIEN VAN OSTADE (né en 1610, mort en 1685). Trois paysans buvant et fumant autour d'une table; à la plume et lavé à l'encre de Chine.

172. RENIER ZEEMAN (né en 1612, mort en ....). Vue de mer sur les côtes de Norwége, avec navires de guerre et canots; lavé à l'encre.

173. CORNEILLE SAFT-LEVEN (né en 1612, mort en ....). Vieille femme avec un petit chien; elle est assise sur un banc de bois: dessin colorié.

174. ISAAC VAN OSTADE (né en 1614, mort en ....). Un homme à cheval près d'une femme portant des seaux pleins d'eau; lavé au bistre.

175. GOVERT FLINCK (né en 1616, mort en 1660). Portrait de Maurice de Nassau; terminé à la pierre noire, de forme ovale.

176. THOMAS WYCK (né en 1616, mort en 1682). Vue d'un fort sur le bord de la mer; lavé au bistre.

177. B. BREENBERG (né en 1620, mort en 1660). Vue de l'entrée d'un couvent sur un site montagneux; à l'encre de la Chine. Vue d'une fabrique sur un rocher; au bistre. 2 p.

178. H. VERSCHURING (né en 1627, mort en 1690). Cavaliers et dame à cheval, à l'entrée d'un jardin orné de fontaines.

3597.65

11.[illegible]

69.[illegible]

Norbelin x [illegible] 21 –

7 –

38 –

20

Reav 40

3802.65

34

3876.65

179. VANDER ULFT (né en 1627, mort en 1690). Entrée triomphale d'un guerrier, et trois autres dessins, vues de monumens divers; à la plume, lavés à l'encre et au bistre. 4 p., dont trois portant une date. 31

180. L. BAKHUYSEN (né en 1631, mort en 1709). Vue de la mer dans un moment d'orage; on voit un vaisseau précipité sur des rochers : lavé au bistre. Paysage traversé par une rivière; on aperçoit une ville dans le fond : à la plume, lavé à l'encre. Vainville fr. 17.50

181. W. VANDEN VELDE (né en 1633, mort en 1707). Deux vaisseaux de guerre en rade et plusieurs petits bâtimens à la voile sur les côtes de la Hollande; dessiné et lavé au pinceau et à l'encre. Pieri 20.

182. *Du même.* Abordage d'un vaisseau hollandais avec un autre vaisseau qu'il a désemparé. Autre combat entre plusieurs vaisseaux de haut bord : dessins à la mine de plomb et lavés à l'encre. 2 p. 8.50

183. CORNEILLE DUSSART (né en 1645, mort en 1704). Un musicien ambulant, accompagné d'un chien, chante devant une ferme; plusieurs enfans sont arrêtés pour l'écouter : tracé à la plume et colorié à l'aquarelle.

184. J. V. HUGTENBOURG (né en 1646, mort en 1733). Avenue qui conduit à une belle maison de campagne ornée de statues; on y voit plusieurs figures à pied, à cheval et en voiture; à la plume, lavé à l'encre et au bistre. 11

185. J. VAN DE VELDE (vivait en 1637). Repos de paysans dans une chaumière; on aperçoit dans le

3962.65

fond une femme couchée; à la plume et lavé à l'encre.

186. GUILLAUME SCHELLINGS (né en ...., mort en 1676). Étude d'un matelot hollandais.

187. GÉRARD HOET (né en 1648, mort en 1733). Sacrifice de Noé à la sortie de l'arche; esquisse à la plume et à la pierre noire, lavée au bistre.

188. J. LUYKEN (né en 1649, mort en 1712). Scène de la Saint-Barthelémy dans Paris.

189. *Du même.* Jésus-Christ livré par Judas. Jésus chez Pilade et reniement de saint Pierre. Charpentiers travaillant sur une place de Hollande. Paysan à cheval allant au-devant d'une barque qui porte le roi Guillaume. Dessins tracés à la plume, lavés à l'encre et au bistre. 4 p.

190. BAREND GAAL (né en 1650, mort en ....). Paysans devant leurs maisons, occupés à dépecer des cochons qu'ils viennent de tuer; croquis au crayon noir, lavé à l'encre.

192. J. MOUCHERON (né en 1670, mort 1744). Percée de vue à travers une forêt, qui laisse apercevoir une plaine terminée par des montagnes; à la plume et colorié.

193. *Du même.* Vue du dôme de Saint-Ange à Rome. Paysage montagneux et traversé par une rivière; à la plume et lavés. 2 p.

194. RADEMAKER (né en 1672, mort en 1711). Vue d'Utrecht, d'après un tableau de *Moucheron*; à la plume et au bistre. — A. DE VISSER. Vue d'un chemin bordé d'arbres; sur le devant, à gauche, une

barraque en planches, couverte en chaume; esquisse à la pierre noire et lavée. 2 p.

195. JEAN STORK (vivait en 1689). La pêche de la baleine et la chasse aux ours blancs sur la côte du Groënland; à la plume et à l'encre.

196. JACQUES DE WIT (né en 1695, mort en 1754). Le Temps coupant les ailes à l'Amour; à la sanguine et à la plume, lavé au bistre et rehaussé de blanc. Composition pour plafond, représentant trois petits amours voltigeant dans les airs; dessin colorié. 2 p.

197. P. VAN LOO (né en ...., mort en 1778). Verre rempli d'un bouquet composé de fleurs et fruits de toutes espèces; peint à l'aquarelle.

198. G. VAN VITEL. Vue prise en Italie, représentant une ville située sur le penchant d'une colline et au bord d'une rivière; tracé à la plume, lavé à l'encre et légèrement colorié.

199. D. BOOSBOOM. Composition de beaucoup de figures, représentant l'adoration des Mages; à la sanguine et à la plume, lavé au bistre. — ESSELENS. Passage à gué d'un ruisseau; paysage montagneux et boisé; à la plume. 2 p.

200. G. MAAS. Vue d'une place dans une ville de Hollande, à la plume, lavé à l'encre.

201. W. HENDRICKS. Intérieur d'une cour de ferme, entourée d'arbres; on y voit deux vaches tenues par un petit garçon; esquisse à la pierre noire, lavée au bistre et à l'encre.

202. *Du même.* Un paysan dans une charrette arrêtée à la porte d'une chaumière, au milieu d'un bois ; lavé à l'encre et au bistre.

203. E. VAN DRIELST. Vue d'un bois marécageux avec quelques chaumières. Autre paysage dans le même genre : à la pierre noire et coloriés. 2 p.

204. A. T. HIMPEL. Deux paysages, vues de Hollande ; tracés au crayon et lavés à l'encre.

205. Plusieurs dessins par FLINCK, KONINGH, LERTENTALS, OVERBECK, PINAS, PRONK, WATERLOO, etc., qui seront vendus en plusieurs lots.

ÉCOLE FRANÇAISE.

206. JEAN GOUJON (vivait en 1555). Un tombeau orné d'un buste et de génies ; à la plume, lavé à l'encre sur parchemin.

207. SIMON VOUET (né en 1590, mort en 1649). Étude d'un jeune homme jouant de la flûte. Autre étude de mains et de pieds : à la plume. Bordure de plafond formée de figures et d'arabesques ; à la pierre d'Italie et colorié. 3 p.

208. NICOLAS POUSSIN (né en 1594, mort en 1665). Frappement du rocher ; à la plume, lavé au bistre.

209. *Du même.* Le Christ en croix, au pied de laquelle sont les saintes femmes et saint Jean ; à la plume et au bistre.

210. *Du même.* Fragment de la composition du sacrement de l'extrême-onction ; à la plume. Le Christ

4090. 20 | 709 – 35

8

5. 60 –

m Bleu 48 – 12.00

Bot. – 12. 50 –

8 –

12. 50 – 6. 05

7 –

3. 05 – 3. 05 – 8 –

3. 15

1 Rosalba 6.
4 Trupino 7. 05
2 – Tiepolo – 4. 50

3. 05

5 – 20 Pieri +

4179. 95

1774. 90

38

en croix et plusieurs saints; à la plume et au bistre. 2 p.

211. *Du même.* Vue del ponte Molle, et autre vue aux environs de Rome; tracées à la plume et lavées au bistre. 2 p.

212. *Du même.* Enlèvement des Sabines; esquisse à la mine de plomb et lavée à l'encre. Grand paysage avec fabriques, connu sous le nom du tombeau de Phocion; à la pierre noire. 2 p.

213. *Du même.* Première pensée d'une présentation au temple; croquis à la plume. Au verso, Soldats d'une fuite en Égypte; à la plume et lavé. croquis et chevaux; études d'après la colonne Trajanne: à la plume et au bistre. 2 p.

214. *Du même.* Études de proues de vaisseaux, d'après l'antique; à la plume et au bistre. 2 p.

215. JAQUES STELLA (né en 1594, mort en 1647). Sainte famille dans un paysage, avec ruines; peint en grisaille. — G. FRANCART. Jésus-Christ à table avec les disciples d'Emmaüs; à la plume et lavé au bistre. 2 p.

216. C. GELÉE, dit LE LORRAIN (né en 1600, mort en 1682). Vue des bords du Tibre aux environs de Rome; paysage enrichi de figures: à la pierre noire, lavé au bistre et rehaussé de blanc au pinceau.

217. *Du même.* Étude de rochers couverts de broussailles; à la plume et au bistre.

218. MICHEL CORNEILLE (né en 1603, mort en 1664). Des bergers au pied d'un gros chêne, jouant de différens instrumens; dessin à la plume et au bistre,

pour une tapisserie qui a été exécutée pour le Roi.

219. *Du même.* Saint Jean, assis au pied d'un grand arbre, prêche devant une foule de peuple. Apollon et Thétis; grande composition. Deux dessins à la plume, au bistre et rehaussés de blanc. Feuille de croquis; à la plume, au recto et au verso. 3 p.

220. L. DE LA HYRE (né en 1606, mort en 1658). Présentation de la Vierge au temple; à la mine de plomb, légèrement lavé. Europe, aidée par deux nymphes, se place sur le taureau; à la pierre d'Italie. 2 P.

221. NICOLAS MIGNARD (né en 1608, mort en 1668). La visitation; à la sanguine et lavé à l'encre. Adoration des bergers; à la plume, lavé au bistre et à l'encre. 2 p.

222. PIERRE MIGNARD (né en 1610, mort en 1695). Son portrait à la sanguine, très-terminé. La circoncision; à la pierre noire. Thétis présentant des armes à Achille; tracé au crayon et lavé au bistre. 3 p.

223. SÉBASTIEN BOURDON (né en 1616, mort en ....). Adoration des bergers; à la mine de plomb, lavé au bistre et rehaussé de blanc.

224. EUSTACHE LESUEUR (né en 1617, mort en 1655). Vestale tenant un vase. Chartreux tenant un livre. Étude d'homme à genoux exprimant l'effroi: à la pierre noire, rehaussés de blanc. 3 p.

225. TH. BLANCHET (né en 1617, mort en 1689). Sujet tiré de l'Écriture sainte; à la plume, lavé à l'encre. — PEYRON. Vierge et enfant Jésus dans un

Dessins à M. Le

+1. Gauche Noël	4	Pieri +
+2. Verschuring batailles Cavalier et la nativité sur toile		
+3. paysages aquarelles anglais	2.10	
+3. paysages par Portin d°	1.50	
+3. Dessins de Luebach	3.50	
+4. Dessin de Girodet & bouillon	2.30	
+1. beau Granet	10.50 +	
+4. Greuze	5.05 +	
+8. Dessins Carrache Guide M. Ange +	2 +	
+10. Dessins divers	2.05 +	
+50. Dessin d'architecture	2 +	
+4. Dessins portraits anciens	3.95 +	
+4. Dessins Boissieu, Moro, Titi &c		
2. Procaccino & Mouillon	4.05 +	
4. Carrache fiammeri & autre	9.10 +	
22. Rugendas	4.05 +	
6. Zucchero Lebrun Lebrun Wolter	avec 4 autres	4 +
3. Nicolle	3.30 +	
1. Dessin de Boissieu	9.30 +	
2. Dessins Coloriés par Willenie	2.15	

Rubens retirée 9 +

Gauche Noël 3.05

3 Dessins par [illegible] | [illegible] dessin 2.05

41

paysage; à la plume, lavé au bistre et rehaussé de blanc. Mort de Sénèque; à la plume et lavé. 3 p.

226. G. PERELLE (né en 1622, mort en ....). Deux petits paysages sur les bords de la mer, animés de beaucoup de figures; à la plume et sur parchemin. 2 p.

227. PIERRE PUGET (né en 1623, mort en 1695). Alexandre et Diogène; à la plume. Combat naval entre les flottes française et hollandaise; à la plume et lavé, sur parchemin. Projet d'un riche tabernacle; à la plume, lavé et rehaussé de blanc. 3 p.

228. R. NANTEUIL (né en 1630, mort en 1678). Portrait du marquis de Louvois; dessin terminé à la mine de plomb, sur parchemin, portant la date de 1658. Ce dessin a servi à la gravure que Nanteuil lui-même a faite. Autre portrait d'homme; à la pierre d'Italie. — MELLAN. Portrait de Montmor; dessin terminé au bistre. 3 p.

229. CH. DE LA FOSSE (né en 1636, mort en 1736). L'adoration des bergers; esquisse à l'huile. Saint Jean prêchant dans le désert; aux trois crayons. Un sujet de l'apocalipse; peint à l'huile sur papier. Apollon et les quatre saisons, pour un plafond; à la plume, lavé au bistre. 4 p.

230. DANIEL DUMOUSTIER (vivait en 1640). Une main de femme tenant un pinceau à deux crayons. — J. BLANCHART. La victoire assise, tenant une palme; à la pierre d'Italie, lavée et rehaussée de blanc. Figure drapée s'élevant au ciel; à la pierre d'Italie. 3 p.

231. BON BOULOGNE (né en 1649, mort en ....). Le baptême de Notre-Seigneur; peint en grisaille.

232. R. DE LA FAGE (né en 1654, mort en 1684). Le frappement du rocher. Tobie donnant la sépulture aux morts. Deux dessins tracés à la plume et légèrement ombrés à la mine de plomb. Les Teutons, sous les ordres de leur général, construisent la ville de Toulouse; composition de beaucoup de figures: à la plume et lavé à l'encre.

233. B. PICART (né en 1665, mort en 1733). Deux dessins du mausolée du cardinal de Richelieu vu différemment, d'après le marbre; lavés en couleur de sanguine. 2 p.

234. A. RIVALS (né en 1667, mort en 1735). Fragment de l'apothéose du Poussin; à la pierre noire et rehaussée de blanc au pinceau. — N. BERTIN (né en 1707, mort en 1733). Le retour du jeune Tobie; au bistre, rehaussé de blanc. — LE VIEUX. Joseph expliquant à ses frères le songe des sept gerbes de blé; à la plume et lavé. Dalila coupant les cheveux à Samson. Jésus chez Marthe et Marie: au bistre et rehaussés de blanc. 5 p.

235. J.-B. VANLOO (né en 1684, mort en 1745). Portrait de P. Puget; aux crayons noir et blanc.

236. CH. PARROCEL (né en 1685, mort en 1786). La bataille de Fontenoy; dessin à la plume, lavé et rehaussé de blanc. La bataille de Laufeld; au crayon noir, lavé à l'encre. 2 p.

237. *Du même.* La Résurrection et l'Ascension; à la

3802 – 65

11

17 – 50 +

20

14 · 50 – [illegible] payé +

11 – [illegible] +

3876 · 65

43

4351.25

5—10

11— Pieri Norbelin. +

6 — 55

Pour Mr Malzieu 35
Pieri

19 — 50

3 — 25

4431 . 25

plume, lavés à l'encre, cintrés du haut. Soldats jouant et buvant, placés autour d'une table. Frontispice pour un ouvrage de guerre; croquis à la pierre noire et lavé. 4 p.

238. F. BOUCHER (né en 1704, mort en 1768). Jeune femme donnant la bouillie à un enfant; on voit auprès d'elle un petit garçon qui tient le plat de bouillie et une jeune fille qui tient un chat; à la plume et au bistre. *M. de Calviere*, à qui ce dessin a appartenu, a écrit derrière : *Dessin fait pour moi, par M. Boucher, en 1751, et dont il veut, quelque jour, me faire un petit tableau.*

239. JOSEPH VERNET (né en 1712, mort en 1786). Vue du port et de la ville de Civita-Vecchia; à la plume et lavé à l'encre et au bistre.

240. *Du même.* Paysage; sur le devant, on voit une rivière, au bord de laquelle est une baigneuse : au crayon noir, à la plume et lavé à l'encre. Une feuille avec plusieurs groupes de figures au recto et au verso, tracée à la mine de plomb et lavée. 2 p.

241. GREUZE (vivait en 1800). Une mère donnant à manger à deux enfans; à la plume, lavé au bistre et à l'encre. Ce dessin a été gravé par *Beauvarlet*.

242. Divers dessins par BARDON, HARRIET, MANGLARD et VERMONT. 4 p.

243. Divers dessins par JOUVENET, GAMELIN et autres. 4 p.

244. Divers dessins par GRAVELOT, LEGROS, NATOIRE, DE SERRE et autres. 6 p.

245. Plusieurs dessins par BELLAGE, COYPEL, DAVID,

LE MOINE, MOTTE, MOREAU, PARISEAU, etc. 12 p., 5 l.

246. Deux dessins à la plume, par A. WILLE.

247. Voyage en Italie, par M. BOURGEOIS, ou collection de cent vingt dessins lavés à la sépia, tous exécutés par cet habile artiste pendant son séjour en Italie. Ils représentent les sites les plus intéressans et les plus pittoresques de ce pays. La désignation de chaque vue est écrite au revers. Cette belle collection sera mise à prix en un seul lot, et si l'enchère n'est pas couverte, elle sera divisée en dix lots.

248. Plusieurs lots de dessins seront vendus sous ce numéro.

Articles omis dans le présent Catalogue et qui seront vendus à la fin de la 3e vacation.

249. Un bas-relief en bronze, représentant le jugement de Pâris. Composition de dix figures, d'un travail et d'un fini précieux. Largeur 24 pouces 6 lignes, hauteur 17 pouces.

250. Autre bas-relief en bronze, pendant du précédent, représentant une bacchanale. Composition de douze figures, du même travail et de la même grandeur que le premier.

251. Très-beau plat de faïence, par *Bernard* de *Palissy*, d'une parfaite conservation.

252. Autre du *même*.

253. Vase avec son plateau en émail de Limoges, d'un très-bon goût.

254. Sous ce numéro seront vendus plusieurs articles de curiosité, bronzes, émaux de Limoges, verreries, terres cuites, etc., etc.

255. Sous ce numéro seront vendus plusieurs lots de portraits gravés par des anciens graveurs.

Statue en bronze [illegible]

A. Moreau, imprimeur, rue Montmartre, n° 39.

Leon - Dip

www.ingramcontent.com/pod-product-compliance
Ingram Content Group UK Ltd.
Pitfield, Milton Keynes, MK11 3LW, UK
UKHW012302240726
13966UKWH00004B/1575